Dedicado a cada hermano que ama a alguien que padece de CHD

En memoria de Liam, el niño que, con su vida, inspiro historias

Nota para los Padres y Familia

"Los Médicos Ayudan al Bebé" es el primer libro de una serie diseñados a ayudar a padres y familiares de cómo ayudar a entender a los hermanos que su hermanito menor debe quedarse en el hospital por un defecto cardíaco congénito (CHD). Es muy difícil para los padres, la familia y los amigos. Y aún más difícil cuando hay otros niños que ven a un bebé pasar por una cirugía a corazón abierto. Aunque son pequeños, tienen tantas preguntas y temores, igual a usted. No hay forma correcta o incorrecta de sentirse cuando su familia está pasando esta situación junto a su pequeño guerrero que tiene cirugías de corazón abierto y luego tiene que pasar por el proceso de curación.

Este libro está diseñado para ayudarlo a navegar la experiencia del hospital con niños mayores y que puedan comprender mejor lo que le está sucediendo a su nuevo hermano y procesar sus emociones. Cuando comparta este libro con un niño (s) sobre la situación específica de su hermano, anímelo a compartir cómo se siente acerca de su hermano y todos los cambios que han ocurrido dentro de su familia.

Se pueden encontrar otros recursos en: www.littlehearts.org, www.mendedhearts.org, www.conqueringchd.org y www.pted.org

También puede encontrar grupos de apoyo de CHD locales en su área.

Cuando tienes un rasponcito duele y nos puede hacer sentir mal. Algunas veces podemos ver donde nos duele porque están por fuera, como cuando me raspo la rodilla y mamá y papá me ponen una curita para que se sienta mejor.

Algunos niños tienen rasponcitos que están en el interior y no podemos verlos. Los médicos pueden tomar fotografías para ver los rasponcitos dentro de nuestro cuerpo.

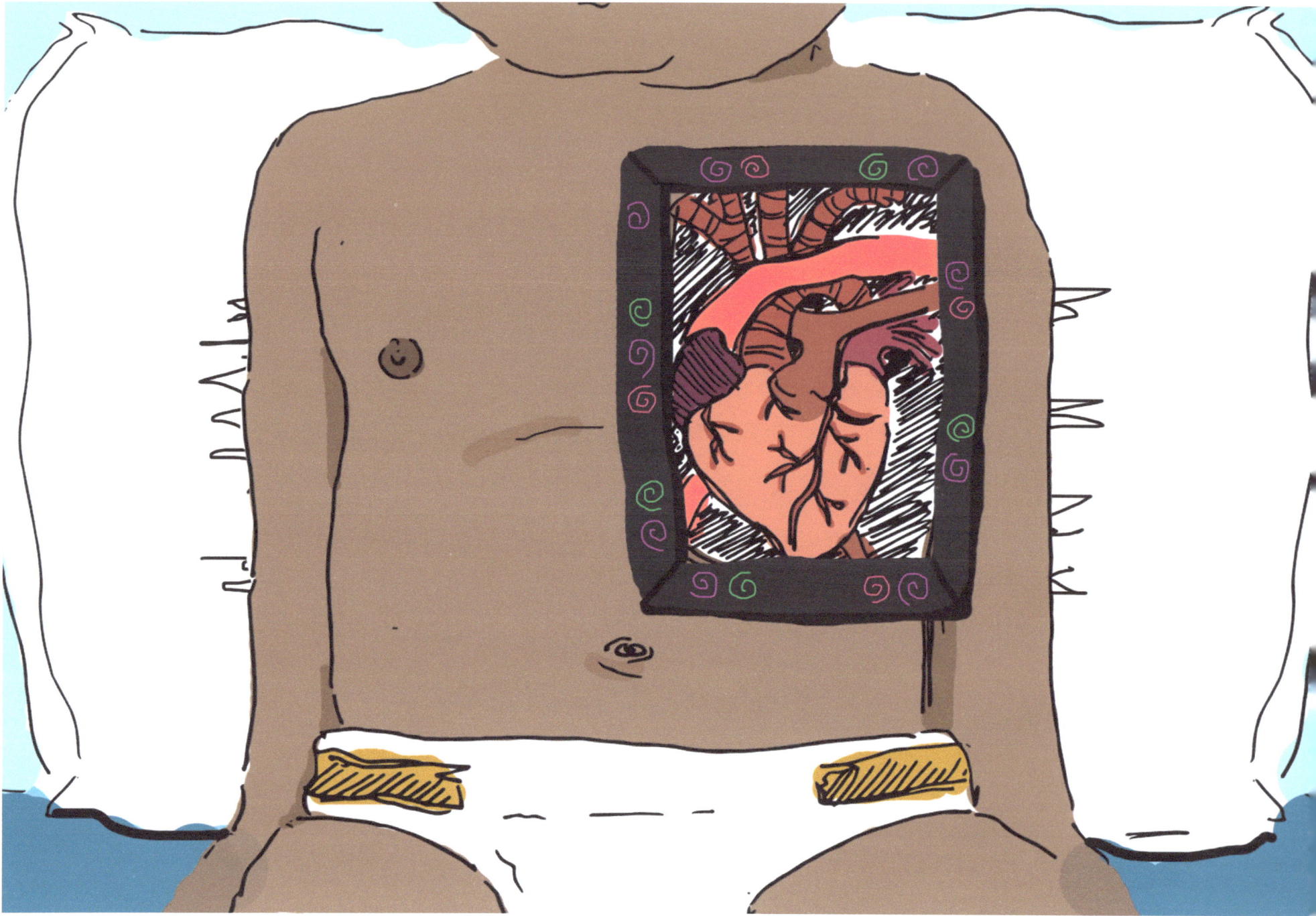

Nuestro corazón está en el interior de nuestro cuerpo y nos hace fuertes. El corazoncito del bebé tiene un rasponcito y hace que el bebé se sienta mal. Los médicos ayudan a que el bebé se sienta mejor.

¿Puedes ver el corazón del bebé en la foto?

Los médicos escuchan el corazón del bebé.
Ellos toman fotografías para ver porqué el bebé se siente malito.

Cuando llega el momento, los doctores se ponen una ropa especial: pantalón y camisa verde, gorros de colores y máscaras.

Luego, llevan al bebé a una habitación especial para arreglar lo que hace que el bebé se sienta mal.

A veces puede llevar mucho tiempo reparar el corazón del bebé.

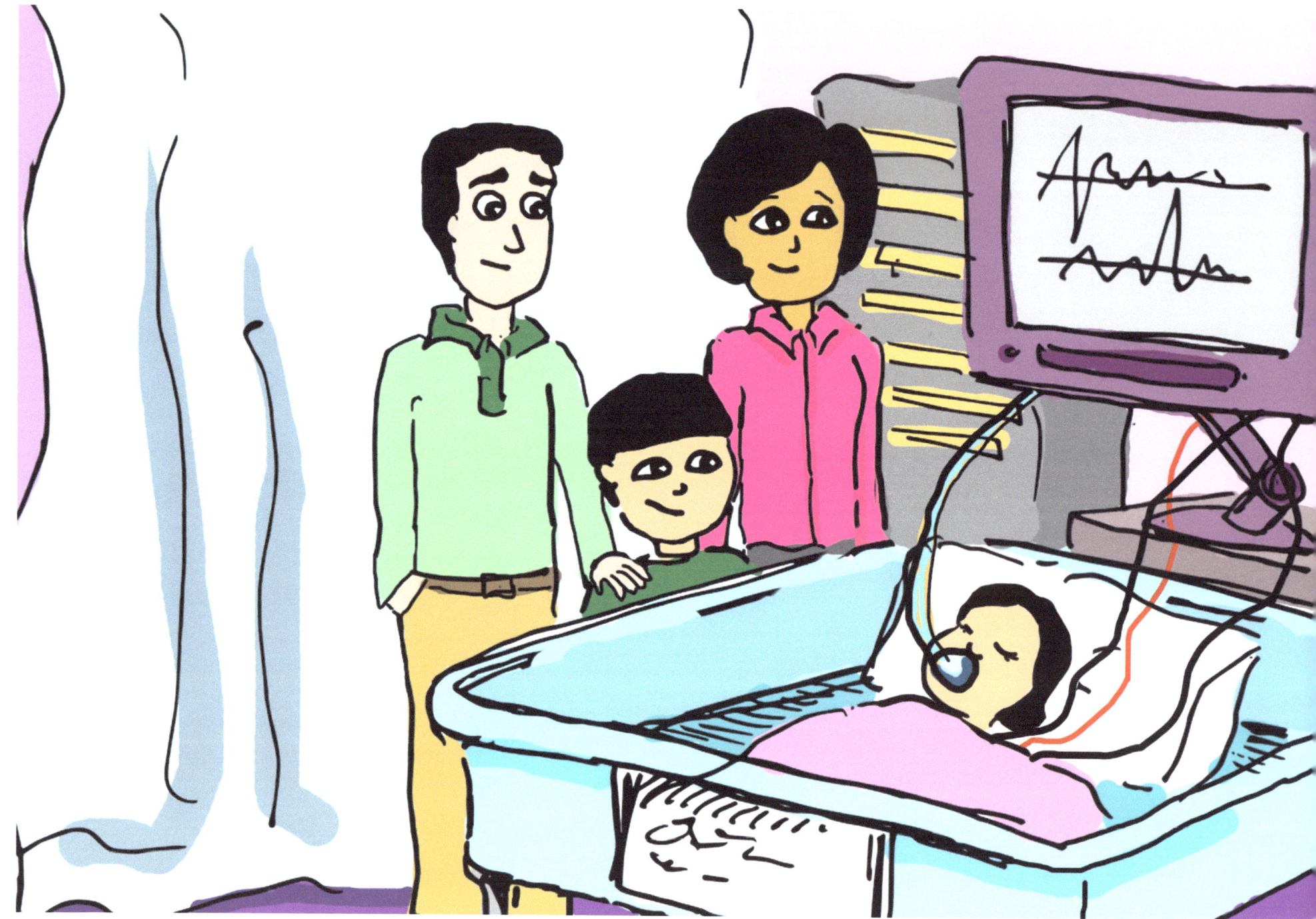

Una vez que se repara el corazón, los doctores llevan al bebé de regreso a una habitación especial del hospital solo para bebitos.

¡Estoy tan feliz de poder visitar al bebé!

El bebé duerme mucho para sentirse mejor. Cuando el bebé está despierto, puedo cantar mis canciones favoritas y leer cuentos.

¿Cuál es tu canción favorita que te gusta cantar?

¿Cuál es tu libro favorito para leer?

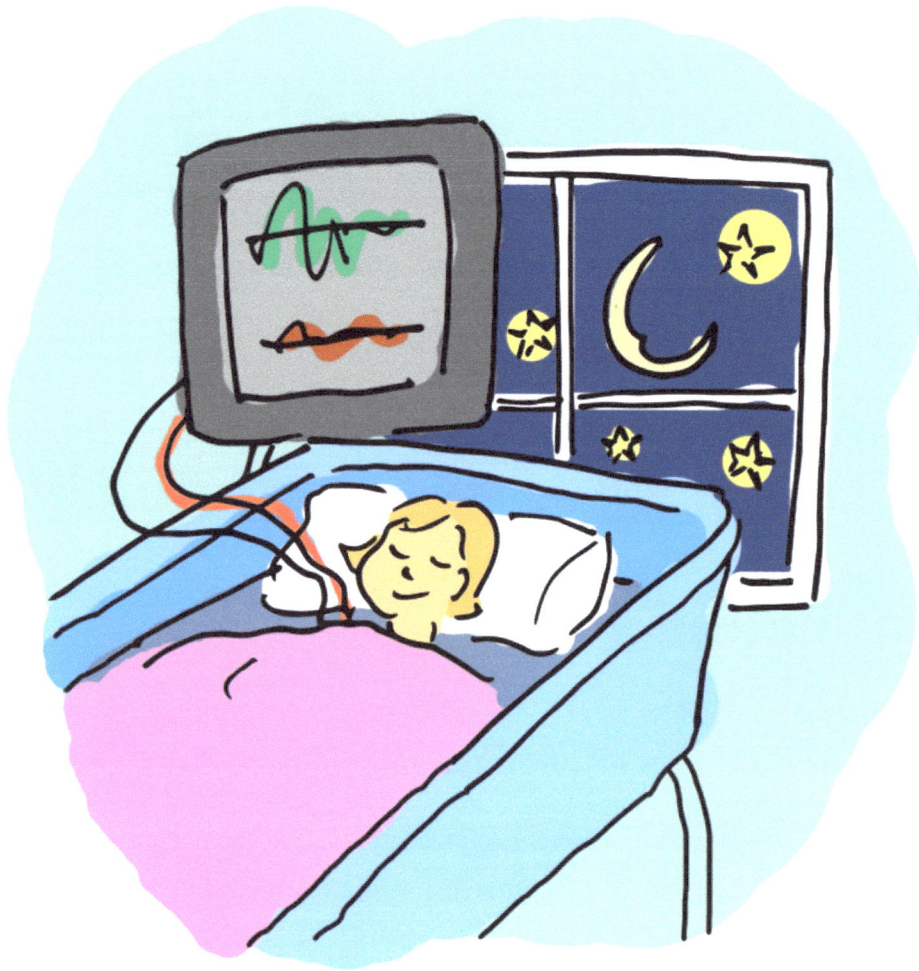

Voy a casa todas las noches y duermo en mi cama. El bebé duerme en el hospital.

Los doctores y las enfermeras arropan al bebé todas las noches como mamá y papá me arropan a mí. Ambos nos sentimos seguros y amados.

¡Buenas noches bebé!

Sobre los autores

Jenna es una mamá que trabaja con pasión por la concienciación y la defensa de la enfermedad coronaria después del nacimiento de su hijo, que fue diagnosticado con síndrome del corazón izquierdo hipoplásico (HLHS) y que murió inesperadamente de complicaciones relacionadas con el corazón en septiembre de 2020. Tiene una licenciatura en literatura de la Universidad de North Georgia. En su tiempo libre, disfruta de la fotografía, la pintura y le gusta leer ciencia ficción.

Jenna, su esposo y sus dos hijas viven en Durham, Carolina del Norte. Puedes seguir su historia en su blog: https://heartwarriorparenting.blogspot.com/

Dana Langston, PsD., es licenciada en psicología que se siente honrada de trabajar con niños, adolescentes y adultos en Raleigh, NC. Le encanta ser mamá para sus dos hijos, su hija y su pastor alemán. ¡En su tiempo libre, a Dana y su esposo les gusta ver programas divertidos en Netflix!

Maggie French es una ilustradora y pintora independiente que vive en Savannah, GA. Como ilustradora, Maggie trabaja para una variedad de pequeñas empresas. Maggie recibió su BFA en Studio Art de UNC-Chapel Hill. En su tiempo libre, a Maggie le gusta dibujar, cocinar y emprender aventuras en kayak en el pantano alrededor de Savannah con su esposo, Hansen. Para ver más de su trabajo, visite www.maggiebfrench.com

www.ingramcontent.com/pod-product-compliance
Lightning Source LLC
Chambersburg PA
CBHW040712150426

42811CB00062B/1860